Narendra

**La biografía de un político ind
campaña para transfo**

Por la Biblioteca Unida

https://campsite.bio/unitedlibrary

Introducción

¿Le interesa la vida de una de las personas más influyentes del mundo?

Modi es una figura controvertida y convincente, cuya historia no se ha contado antes. Este libro ofrece una visión sin precedentes de su ascenso al poder y su determinación de cambiar la India para mejor. Ofrece una visión de las creencias y motivaciones de Modi, así como de sus relaciones con otros poderosos líderes tanto en la India como en el extranjero.

Narendra Modi nació en la India en 1950. Creció en una pequeña ciudad llamada Vadnagar, en el estado de Gujarat. Su padre era maestro de escuela y su madre era ama de casa. Modi dijo más tarde que su padre "le enseñó el valor de la honestidad, el trabajo duro y la sencillez". También atribuyó a su madre el haberle inculcado el amor por los libros y el aprendizaje. Tras terminar el instituto, Modi viajó por la India durante dos años. Luego regresó a Gujarat y asistió a la universidad, donde estudió ciencias políticas.

En 1975, Modi se unió al Rashtriya Swayamsevak Sangh (RSS), una organización nacionalista hindú de derechas. Pronto se convirtió en trabajador a tiempo completo del RSS y ascendió en sus filas. En 2001, fue nombrado ministro principal de Gujarat. Cómo ministro jefe, Modi aplicó una serie de políticas controvertidas, como una ley de 2002 que exigía a los hindúes obtener un permiso antes de casarse con alguien de otra religión. En 2005, se le acusó de no hacer lo suficiente para detener los disturbios religiosos en Gujarat, que dejaron más de 1.000 muertos, la mayoría musulmanes.

Sin embargo, una investigación posterior le exoneró de toda culpa.

En 2014, Modi se presentó como primer ministro con la plataforma del desarrollo económico y la buena gobernanza. Prometió crear empleo y luchar contra la corrupción. También prometió construir infraestructuras y modernizar la India. Su campaña tuvo éxito y se convirtió en primer ministro en mayo de 2014. Actualmente, Modi cumple su segundo mandato como primer ministro. Bajo su liderazgo, India se ha convertido en una de las economías de más rápido crecimiento del mundo. Sin embargo, ha sido criticado por algunas de sus políticas, como una ley de 2016 que prohibió la circulación de billetes de alto valor de la noche a la mañana y una ley de 2017 que dificultó la obtención de la ciudadanía india a los refugiados musulmanes. No obstante, Narendra Modi sigue siendo uno de los políticos más populares de la India en la actualidad.

Si quiere entender cómo un hombre se elevó desde sus humildes comienzos hasta convertirse en una de las figuras más influyentes de la escena mundial, este libro es para usted. Le dará una perspectiva única sobre la política india y las relaciones internacionales.

Índice de contenidos

Narendra Modi

Narendra Damodardas Modi (nacido el 17 de septiembre de 1950) es un político indio que ejerce como decimocuarto y actual primer ministro de la India desde 2014. Modi fue ministro principal de Gujarat de 2001 a 2014 y es diputado por Varanasi. Es miembro del Partido Bharatiya Janata (BJP) y del Rashtriya Swayamsevak Sangh (RSS), una organización paramilitar de voluntarios de derecha nacionalista hindú. Es el primer ministro que más tiempo lleva en el cargo sin pertenecer al Congreso Nacional Indio.

Modi nació y creció en Vadnagar, en el noreste de Gujarat, donde completó su educación secundaria. Fue introducido en el RSS a los ocho años. Ha comentado que tuvo que trabajar de niño en el puesto de té de su padre en la estación de tren de Vadnagar, lo que no ha sido corroborado de forma fiable. A los 18 años, Modi se casó con Jashodaben Chimanlal Modi, a quien abandonó poco después. La primera vez que la reconoció públicamente como su esposa fue más de cuatro décadas después, cuando la ley india lo exigía, pero desde entonces no ha vuelto a tener contacto con ella. Modi ha afirmado que viajó por el norte de la India durante dos años después de dejar el hogar paterno, visitando varios centros religiosos, pero han salido a la luz pocos detalles de sus viajes. A su regreso a Gujarat en 1971, se convirtió en trabajador a tiempo completo del RSS. Tras la declaración del estado de emergencia por parte de la primera ministra Indira Gandhi en 1975, Modi pasó a la clandestinidad. El RSS le asignó al BJP en 1985 y ocupó varios cargos en la jerarquía del partido hasta 2001, llegando a ser secretario general.

Modi fue nombrado Ministro Principal de Gujarat en 2001 debido a la mala salud y la mala imagen pública de

Keshubhai Patel tras el terremoto de Bhuj. Poco después, Modi fue elegido miembro de la Asamblea Legislativa. Su administración ha sido considerada cómplice de los disturbios de 2002 en Gujarat, en los que murieron 1044 personas, tres cuartas partes de las cuales eran musulmanas, o ha sido criticada por su gestión de la crisis. Un equipo especial de investigación designado por el Tribunal Supremo de la India no encontró pruebas para iniciar un proceso judicial contra Modi personalmente. Si bien sus políticas como ministro principal -acreditadas con el fomento del crecimiento económico- han recibido elogios, su administración fue criticada por no mejorar significativamente los índices de salud, pobreza y educación en el estado.

Modi lideró el BJP en las elecciones generales de 2014, que dieron al partido la mayoría en la Cámara Baja del Parlamento indio, la Lok Sabha, por primera vez para un solo partido desde 1984. El gobierno de Modi ha intentado aumentar la inversión extranjera directa en la economía india y ha reducido el gasto en sanidad, educación y programas de bienestar social. Modi centralizó el poder suprimiendo la Comisión de Planificación. Inició una campaña de saneamiento de alto nivel, puso en marcha una controvertida desmonetización de los billetes de alta denominación y una transformación del régimen fiscal, y debilitó o abolió las leyes medioambientales y laborales. Supervisó la respuesta del país a la pandemia del COVID-19. Durante su mandato, Modi ha recibido constantemente altos índices de aprobación.

Bajo el mandato de Modi, India ha experimentado un retroceso democrático. Tras la victoria de su partido en las elecciones generales de 2019, su administración revocó el estatus especial de Jammu y Cachemira, introdujo la Ley de Enmienda de la Ciudadanía y tres controvertidas leyes agrícolas, que provocaron protestas generalizadas y sentadas en todo el país, lo que dio lugar a una derogación formal de estas últimas. Descrito como el artífice de un reajuste político hacia la derecha, Modi sigue siendo una figura controvertida a nivel nacional e internacional por sus creencias nacionalistas hindúes y su gestión de los disturbios de 2002 en Gujarat, citados como prueba de una agenda social excluyente.

Primeros años de vida

Narendra Damodardas Modi nació el 17 de septiembre de 1950 en el seno de una familia hindú gujarati de tenderos en Vadnagar, distrito de Mehsana, Estado de Bombay (actual Gujarat). Era el tercero de los seis hijos de Damodardas Mulchand Modi (entre 1915 y 1989) y Hiraben Modi (nacida hacia 1920). La familia de Modi pertenecía a la comunidad Modh-Ghanchi-Teli (prensadores de aceite), que el gobierno indio clasifica como otra clase atrasada.

Modi solo había hablado en contadas ocasiones de su origen familiar durante sus 13 años como ministro principal de Gujarat. En el periodo previo a las elecciones nacionales de 2014, empezó a llamar la atención con regularidad sobre sus orígenes sociales de bajo rango y sobre el hecho de haber tenido que trabajar de niño en la tienda de té de su padre en el andén de la estación de tren de Vadnagar, una descripción que las pruebas de los vecinos no corroboran del todo. Modi completó su educación secundaria superior en Vadnagar en 1967, donde los profesores le describieron como un estudiante medio y un entusiasta polemista, con interés por el teatro. Modi prefería interpretar personajes más grandes que la vida en las producciones teatrales, lo que ha influido en su imagen política.

A los ocho años, Modi conoció el Rashtriya Swayamsevak Sangh (RSS) y empezó a asistir a sus *shakhas* (sesiones de entrenamiento) locales. Allí, Modi conoció a Lakshmanrao Inamdar, conocido popularmente como Vakil Saheb, que lo introdujo como *balswayamsevak* (cadete junior) en el RSS y se convirtió en su mentor político. Durante su formación en el RSS, Modi conoció también a Vasant Gajendragadkar y Nathalal Jaghda, líderes del

Bharatiya Jana Sangh que fueron miembros fundadores de la unidad del BJP en Gujarat en 1980.

Siguiendo una costumbre tradicional de la casta de Narendra Modi, su familia organizó los esponsales con una chica, Jashodaben Chimanlal Modi, lo que llevó a su matrimonio cuando ella tenía 17 años y él 18. Poco después, abandonó a su novia y se marchó de casa, sin divorciarse nunca de ella, pero el matrimonio no se mencionó en las declaraciones públicas de Modi durante muchas décadas. En abril de 2014, poco antes de las elecciones nacionales que le llevaron al poder, Modi afirmó públicamente que estaba casado y que su cónyuge era Jashodaben; la pareja ha seguido casada, pero distanciada. Al parecer, su matrimonio nunca se consumó y él lo mantuvo en secreto porque, de lo contrario, no habría podido convertirse en *pracharak* del puritano Rashtriya Swayamsevak Sangh.

Modi pasó los dos años siguientes viajando por el norte y el noreste de la India, aunque se han dado pocos detalles de los lugares a los que fue. En entrevistas, Modi ha descrito sus visitas a ashrams hindúes fundados por Swami Vivekananda: el Belur Math, cerca de Calcuta, seguido del Advaita Ashrama, en Almora, y la Misión Ramakrishna, en Rajkot. Modi permaneció poco tiempo en cada una de ellas, ya que carecía de la formación universitaria necesaria. Vivekananda ha sido descrito como una gran influencia en la vida de Modi.

A principios del verano de 1968, Modi llegó al Belur Math pero fue rechazado, tras lo cual Modi vagó por Calcuta, Bengala Occidental y Assam, deteniéndose en Siliguri y Guwahati. A continuación, Modi se dirigió al Ramakrishna Ashram de Almora, donde fue rechazado de nuevo, antes de viajar de vuelta a Gujarat vía Delhi y Rajastán en 1968-69. En algún momento de finales de 1969 o principios de 1970, Modi regresó a Vadnagar para una breve visita antes de partir de nuevo hacia Ahmedabad. Allí, Modi vivió con su tío, trabajando en la cantina de éste en la Corporación Estatal de Transporte por Carretera de Gujarat.

En Ahmedabad, Modi reanudó su relación con Inamdar, que se encontraba en la Hedgewar Bhavan (sede del RSS) de la ciudad. La primera actividad política conocida de Modi como adulto fue en 1971, cuando, según sus declaraciones, se unió a una Jana Sangh Satyagraha en Delhi dirigida por Atal Bihari Vajpayee para alistarse en el campo de batalla durante la Guerra de Liberación de Bangladesh. El gobierno central dirigido por Indira Gandhi desautorizó el apoyo abierto a la Mukti Bahini, y Modi dice que fue encarcelado en la cárcel de Tihar durante un breve periodo. Tras la guerra indo-pakistaní de 1971, dejó de trabajar para su tío y se convirtió en *pracharak* (activista) a tiempo completo para el RSS, a las órdenes de Inamdar. Poco antes de la guerra, Modi participó en una protesta no violenta contra el gobierno indio en Nueva Delhi, por la que fue arrestado (según su afirmación); esto se ha citado como una razón para que Inamdar lo eligiera como mentor. Muchos años después, Modi sería coautor de una biografía de Inamdar, publicada en 2001. La afirmación de Modi de que formó parte de un Satyagraha provocó una guerra política. Se presentaron solicitudes a la PMO en virtud de la Ley RTI para pedir detalles sobre su detención. En su respuesta, la PMO afirmó que sólo mantiene registros oficiales sobre Modi desde que asumió el cargo de primer ministro de la India en 2014. A pesar de esta afirmación, el sitio web oficial de la PMO contiene información específica sobre Modi que se remonta a la década de 1950.

En 1978, Modi se licenció en Ciencias Políticas en la Escuela de Aprendizaje Abierto (SOL) de la Universidad de Delhi, graduándose con una tercera clase. Cinco años más tarde, en 1983, se licenció en Ciencias Políticas por la

Universidad de Gujarat, obteniendo una primera clase como estudiante externo a distancia. Existe una controversia en torno a su titulación académica. En respuesta a una consulta de la RTI, la SOL dijo que no tenía datos de los estudiantes que se licenciaron en 1978. Jayantibhai Patel, antiguo profesor de ciencias políticas de la Universidad de Gujarat, afirmó que las asignaturas que figuran en la licenciatura de Modi no eran ofrecidas por la universidad cuando éste estudiaba allí.

Primeros años de carrera política

En junio de 1975, la primera ministra Indira Gandhi declaró el estado de emergencia en la India, que duró hasta 1977. Durante este periodo, conocido como "La Emergencia", muchos de sus oponentes políticos fueron encarcelados y los grupos de oposición fueron prohibidos. Modi fue nombrado secretario general del "Gujarat Lok Sangharsh Samiti", un comité del RSS que coordinaba la oposición a la Emergencia en Gujarat. Poco después, el RSS fue prohibido. Modi se vio obligado a pasar a la clandestinidad en Gujarat y a menudo viajaba disfrazado para evitar ser detenido. Se dedicó a imprimir panfletos contra el gobierno, enviarlos a Delhi y organizar manifestaciones. También participó en la creación de una red de casas seguras para personas buscadas por el gobierno y en la recaudación de fondos para refugiados y activistas políticos. Durante este periodo, Modi escribió un libro en gujarati, *Sangharsh Ma Gujarat* (*En las luchas de Gujarat*), en el que describe los acontecimientos durante la Emergencia. Entre las personas que conoció en este papel estaba el sindicalista y activista socialista George Fernandes, así como varias otras figuras políticas nacionales. En sus viajes durante la Emergencia, Modi se vio a menudo obligado a moverse disfrazado, una vez vistiendo como monje y otra como sij.

Modi se convirtió en *sambhag pracharak* (organizador regional) del RSS en 1978, supervisando las actividades del RSS en las zonas de Surat y Vadodara, y en 1979 pasó a trabajar para el RSS en Delhi, donde se dedicó a investigar y escribir la versión del RSS de la historia de la Emergencia. Volvió a Gujarat poco después, y el RSS lo asignó al BJP en 1985. En 1987, Modi ayudó a organizar la campaña del BJP en las elecciones municipales de Ahmedabad, que el BJP ganó cómodamente; los biógrafos han descrito la planificación de Modi como la razón de ese resultado. Después de que L. K. Advani se convirtiera en presidente del BJP en 1986, el RSS decidió colocar a sus miembros en puestos importantes dentro del BJP; el trabajo de Modi durante las elecciones de Ahmedabad le llevó a ser seleccionado para este papel, y Modi fue elegido secretario de organización de la unidad del BJP en Gujarat más tarde, en 1987.

Modi ascendió dentro del partido y fue nombrado miembro del Comité Electoral Nacional del BJP en 1990, ayudando a organizar el Ram Rath Yatra de L. K. Advani en 1990 y el *Ekta Yatra* (Viaje por la Unidad) de Murli Manohar Joshi en 1991-92. Sin embargo, en 1992 se apartó brevemente de la política y fundó una escuela en Ahmedabad; las fricciones con Shankersinh Vaghela, diputado del BJP por Gujarat en aquella época, también influyeron en esta decisión. Modi volvió a la política electoral en 1994, en parte por la insistencia de Advani, y como secretario del partido, la estrategia electoral de Modi se consideró fundamental para la victoria del BJP en las elecciones a la asamblea estatal de 1995. En noviembre de ese año, Modi fue nombrado secretario nacional del BJP y trasladado a Nueva Delhi, donde asumió la responsabilidad de las actividades del partido en Haryana y Himachal Pradesh. Al año siguiente, Shankersinh Vaghela, un destacado dirigente del BJP de Gujarat, desertó al Congreso Nacional Indio (Congress, INC) tras perder su escaño parlamentario en las elecciones a la Lok Sabha. Modi, que formaba parte del comité de selección para las elecciones a la Asamblea de 1998 en Gujarat, favoreció a los partidarios del líder del BJP, Keshubhai Patel, frente a los que apoyaban a Vaghela, para acabar con la división de las facciones del partido. Su estrategia fue clave para que el BJP obtuviera la mayoría absoluta en las elecciones de 1998, y Modi fue ascendido a secretario general del BJP (organización) en mayo de ese año.

Ministro Principal de Gujarat

En 2001, la salud de Keshubhai Patel se debilitaba y el BJP perdió algunos escaños de la asamblea estatal en elecciones parciales. Se hicieron acusaciones de abuso de poder, corrupción y mala administración, y el prestigio de Patel se había visto perjudicado por la gestión de su administración en el terremoto de Bhuj de 2001. La dirección nacional del BJP buscó un nuevo candidato para la jefatura de gobierno, y Modi, que había expresado sus recelos sobre la administración de Patel, fue elegido como sustituto. Aunque el líder del BJP, L. K. Advani, no quería condenar al ostracismo a Patel y le preocupaba la falta de experiencia de Modi en el gobierno, éste rechazó la oferta de ser viceministro jefe de Patel, y dijo a Advani y a Atal Bihari Vajpayee que "iba a ser totalmente responsable de Gujarat o no lo sería". El 3 de octubre de 2001 sustituyó a Patel como Ministro Principal de Gujarat, con la responsabilidad de preparar al BJP para las elecciones de diciembre de 2002. Modi prestó juramento como Ministro Principal el 7 de octubre de 2001, y entró en la legislatura del estado de Gujarat el 24 de febrero de 2002 al ganar una elección parcial para la circunscripción de Rajkot - II, derrotando a Ashwin Mehta, del INC.

Disturbios en Gujarat; 2002

El 27 de febrero de 2002, un tren con varios cientos de pasajeros ardió cerca de Godhra, matando a unas 60 personas. El tren transportaba un gran número de peregrinos hindúes que regresaban de Ayodhya tras una ceremonia religiosa en el lugar de la demolida Babri Masjid. Al hacer una declaración pública tras el incidente, Modi declaró que se trataba de un ataque terrorista planeado y orquestado por los musulmanes locales. Al día siguiente, el Vishwa Hindu Parishad convocó un *bandh* en todo el estado. Los disturbios comenzaron durante el *bandh,* y la violencia antimusulmana se extendió por Gujarat. La decisión del gobierno de trasladar los cadáveres de las víctimas del tren de Godhra a Ahmedabad avivó aún más la violencia. El gobierno estatal declaró posteriormente que 790 musulmanes y 254 hindúes habían muerto. Fuentes independientes cifraron el número de muertos en más de 2.000, la gran mayoría musulmanes. Aproximadamente 150.000 personas fueron expulsadas a campos de refugiados. Numerosas mujeres y niños se encontraban entre las víctimas; la violencia incluyó violaciones masivas y mutilaciones de mujeres.

En general, los expertos consideran que el propio gobierno de Gujarat fue cómplice de los disturbios (y algunos culpan explícitamente al ministro jefe Modi) y, por lo demás, ha recibido fuertes críticas por su gestión de la situación. Varios académicos han calificado la violencia de pogrom, mientras que otros la han calificado de ejemplo de terrorismo de Estado. Resumiendo las opiniones académicas sobre el tema, Martha Nussbaum dijo: "Existe ya un amplio consenso en que la violencia de Gujarat fue una forma de limpieza étnica, que en muchos aspectos fue premeditada y que se llevó a cabo con la complicidad del gobierno estatal y de los agentes de la ley". El gobierno de Modi impuso un toque de queda en 26 ciudades importantes, emitió órdenes de disparar a la vista y pidió al

15

ejército que patrullara las calles, pero no pudo evitar que la violencia se intensificara. El presidente de la unidad estatal del BJP expresó su apoyo al *bandh, a* pesar de que tales acciones eran ilegales en ese momento. Posteriormente, los funcionarios estatales impidieron a las víctimas de los disturbios salir de los campos de refugiados, y éstos a menudo no podían satisfacer las necesidades de quienes vivían allí. Las víctimas musulmanas de los disturbios fueron objeto de una mayor discriminación cuando el gobierno estatal anunció que las indemnizaciones para las víctimas musulmanas serían la mitad de las ofrecidas a los hindúes, aunque esta decisión fue revocada posteriormente después de que la cuestión fuera llevada a los tribunales. Durante los disturbios, los agentes de policía no solían intervenir en las situaciones en las que podían hacerlo.

La implicación personal de Modi en los sucesos de 2002 sigue siendo objeto de debate. Durante los disturbios, Modi dijo que "lo que está ocurriendo es una cadena de acción y reacción". Más tarde, en 2002, Modi dijo que la forma en que había manejado a los medios de comunicación era lo único que lamentaba del episodio. En marzo de 2008, el Tribunal Supremo reabrió varios casos relacionados con los disturbios de 2002, incluido el de la masacre de la Sociedad Gulbarg, y estableció un Equipo Especial de Investigación (EIE) para que examinara el asunto. En respuesta a una petición de Zakia Jafri (viuda de Ehsan Jafri, asesinado en la masacre de la Sociedad Gulbarg), en abril de 2009 el tribunal también pidió al SIT que investigara la cuestión de la complicidad de Modi en los asesinatos. La SIT interrogó a Modi en marzo de 2010; en mayo, presentó al tribunal un informe en el que no encontraba pruebas contra él. En julio de 2011, el *amicus curiae* designado por el tribunal, Raju Ramachandran, presentó su informe final al tribunal. En contra de la posición de la SIT, afirmó que Modi podía ser procesado en base a las pruebas disponibles. El Tribunal Supremo remitió el asunto al tribunal de primera instancia. La SIT examinó el informe de Ramachandran y, en marzo de 2012, presentó su informe final, en el que pedía el cierre del caso. Zakia Jafri presentó una petición de protesta en respuesta. En diciembre de 2013, el tribunal de primera instancia rechazó la petición de protesta, aceptando la conclusión de la SIT de que no había pruebas contra el ministro principal. En 2022, el Tribunal Supremo desestimó una petición de Zakia Jafri en la que impugnaba el visto bueno que el Equipo Especial de Investigación había dado a Modi en los disturbios, y confirmó las sentencias anteriores de que no se habían encontrado pruebas contra él.

Sus posteriores mandatos como Ministro Principal

Tras los actos de violencia, tanto dentro como fuera del estado, los líderes del Dravida Munnetra Kazhagam y del Partido Telugu Desam (aliados de la coalición de la Alianza Democrática Nacional liderada por el BJP) pidieron a Modi que dimitiera como ministro jefe, y los partidos de la oposición paralizaron el Parlamento por esta cuestión. Modi presentó su dimisión en la reunión de la ejecutiva nacional del BJP celebrada en abril de 2002 en Goa, pero no fue aceptada. A pesar de la oposición del comisario electoral, que dijo que un número de votantes seguía desplazado, Modi consiguió adelantar las elecciones a diciembre de 2002. En las elecciones, el BJP obtuvo 127 escaños en la asamblea de 182 miembros. Modi hizo un uso importante de la retórica antimusulmana durante su campaña, y el BJP se benefició de la polarización religiosa entre los votantes. Modi enmarcó las críticas a su gobierno por las violaciones de los derechos humanos como un ataque al orgullo gujarati, una estrategia que llevó al BJP a ganar dos tercios (127 de 182) de los escaños de la asamblea estatal. Ganó la circunscripción de Maninagar, derrotando al candidato del INC, Yatin Oza. El 22 de diciembre de 2002, Bhandari tomó juramento a Modi para un segundo mandato.

Durante el segundo mandato de Modi, la retórica del gobierno pasó del hindutva al desarrollo económico de Gujarat. Modi redujo la influencia de las organizaciones Sangh Parivar, como la Bharatiya Kisan Sangh (BKS) y la Vishva Hindu Parishad (VHP). Cuando el BKS organizó una manifestación de agricultores, Modi ordenó su desalojo de las casas que les proporcionaba el Estado, y su decisión de demoler 200 templos ilegales en Gandhinagar ahondó las desavenencias con el Vishva Hindu Parishad. No obstante, Modi mantuvo sus

18

conexiones con algunos nacionalistas hindúes. Modi escribió el prólogo de un libro de texto de 2014 de Dinanath Batra, en el que se afirmaba que la antigua India poseía tecnologías que incluían bebés de probeta.

La relación de Modi con los musulmanes siguió suscitando críticas. El primer ministro Atal Bihari Vajpayee se distanció, acercándose a los musulmanes del norte de la India antes de las elecciones al Lok Sabha de 2004. Tras las elecciones, Vajpayee calificó la violencia en Gujarat como una de las razones de la derrota electoral del BJP y dijo que había sido un error dejar a Modi en el cargo tras los disturbios. Muchos países occidentales también se preguntaron sobre la relación de Modi con los musulmanes. El Departamento de Estado prohibió a Modi entrar en Estados Unidos, de acuerdo con las recomendaciones de la Comisión de Libertad Religiosa Internacional, siendo la única persona a la que se le ha denegado el visado estadounidense en virtud de esta ley. El Reino Unido y la Unión Europea se negaron a admitirlo por lo que consideraban su papel en los disturbios. A medida que Modi fue adquiriendo relevancia en la India, el Reino Unido y la UE levantaron sus prohibiciones en octubre de 2012 y marzo de 2013, respectivamente, y tras su elección como primer ministro en 2014, fue invitado a Washington D.C.

Durante el período previo a las elecciones a la Asamblea Legislativa de Gujarat de 2007 y a las elecciones generales indias de 2009, el BJP intensificó su retórica sobre el terrorismo. Modi criticó al primer ministro Manmohan Singh "por su reticencia a reactivar la legislación antiterrorista", como la Ley de Prevención del Terrorismo de 2002. En 2007, Modi fue autor de *Karmayog*, un folleto de 101 páginas en el que se hablaba de la recogida manual de basuras. En él, Modi sostenía que la recogida de basuras era una "experiencia espiritual" para los valmiks, una subcasta de dalits. Sin embargo, este libro no se difundió en aquel momento debido al código de conducta electoral. Tras los atentados de noviembre de 2008 en Bombay, el gobierno de Gujarat autorizó el despliegue de 30 barcos de alta velocidad para la vigilancia costera. En julio de 2007, Modi cumplió 2.063 días consecutivos como ministro principal de Gujarat, convirtiéndose en el que más tiempo ha ocupado ese cargo. El BJP ganó 122 de los 182 escaños de la asamblea estatal en las elecciones de ese año.

A pesar de que el BJP se aleja del hindutva explícito, la campaña electoral de Modi en 2007 y 2012 contenía elementos de nacionalismo hindú. Modi solo asistía a ceremonias religiosas hindúes y tenía destacadas asociaciones con líderes religiosos hindúes. Durante su campaña de 2012 se negó en dos ocasiones a llevar prendas regaladas por líderes musulmanes. Sin embargo, mantuvo relaciones con Dawoodi Bohra. Su campaña incluyó referencias a cuestiones que se sabe que causan polarización religiosa, como Afzal Guru y el asesinato de Sohrabuddin Sheikh. El BJP no designó a ningún candidato musulmán para las elecciones a la asamblea de 2012. Durante la campaña de 2012, Modi intentó identificarse con el estado de Gujarat, una estrategia similar a la utilizada por Indira Gandhi durante la Emergencia, y se proyectó como protector de Gujarat contra la persecución del resto de la India. Durante la campaña para las elecciones a la Asamblea Legislativa de Gujarat de 2012, Modi hizo un amplio uso de hologramas y otras tecnologías que le permitían llegar a un gran número de personas, algo que repetiría en las elecciones generales de 2014. Modi ganó la circunscripción de Maninagar, derrotando a Shweta Bhatt, del INC. El BJP ganó 115 de los 182 escaños, manteniendo su mayoría durante su mandato. Tras su elección como primer ministro, Modi dimitió como ministro principal y como MLA de Maninagar. Anandiben Patel le sucedió como ministro principal.

Proyectos de desarrollo

Como Ministro Principal, Modi favoreció la privatización y el gobierno pequeño, lo que choca con la filosofía del RSS, que suele describirse como antiprivatización y antiglobalización. Sus políticas durante su segundo mandato han tenido el mérito de reducir la corrupción en el estado. Creó parques financieros y tecnológicos en Gujarat y, durante la cumbre Vibrant Gujarat de 2007, se firmaron acuerdos de inversión inmobiliaria por valor de 6,6 billones de libras (equivalentes a 17 billones de libras o 210.000 millones de dólares en 2020).

Los gobiernos presididos por Patel y Modi apoyaron a las ONG y a las comunidades en la creación de proyectos de conservación de aguas subterráneas. En diciembre de 2008 se habían construido 500.000 estructuras, de las cuales 113.738 eran diques de contención, que ayudaron a recargar los acuíferos que había debajo. Sesenta de los 112 tehsils que habían agotado la capa freática en 2004 habían recuperado sus niveles normales de agua subterránea en 2010. Como resultado, la producción estatal de algodón modificado genéticamente aumentó hasta convertirse en la mayor de la India. El auge de la producción de algodón y el uso de sus tierras semiáridas hicieron que el sector agrícola de Gujarat creciera a un ritmo medio del 9,6% entre 2001 y 2007. Las medidas públicas de riego en el centro y el sur de Gujarat, como la presa de Sardar Sarovar, tuvieron menos éxito. El proyecto de Sardar Sarovar sólo regó el 4-6% de la superficie prevista. En 2008, Modi ofreció terrenos en Gujarat a Tata Motors para que instalara una planta de fabricación del Nano, después de que una agitación popular obligara a la empresa a abandonar Bengala Occidental. Varias otras empresas siguieron a Tata a Gujarat.

El gobierno de Modi terminó el proceso de llevar la electricidad a todos los pueblos de Gujarat que su predecesor casi había completado. Modi cambió significativamente el sistema de distribución de energía del estado, lo que tuvo un gran impacto en los agricultores. Gujarat amplió el plan Jyotigram Yojana, en el que la electricidad agrícola se separó del resto de la electricidad rural; la electricidad agrícola se racionó para adaptarse a las demandas de riego programadas, reduciendo su coste. Aunque las primeras protestas de los agricultores terminaron cuando los beneficiados comprobaron que su suministro de electricidad se había estabilizado, según un estudio de evaluación las corporaciones y los grandes agricultores se beneficiaron de la política a costa de los pequeños agricultores y los trabajadores.

Debate sobre el desarrollo

Un debate polémico rodea la evaluación del desarrollo económico de Gujarat durante el mandato de Modi como ministro principal. La tasa de crecimiento del PIB del estado fue del 10% de media durante el mandato de Modi, un valor similar al de otros estados altamente industrializados y superior al del conjunto del país. Gujarat también tuvo un alto índice de crecimiento económico en la década de 1990, antes de que Modi asumiera el cargo, y algunos estudiosos han afirmado que el crecimiento no se aceleró mucho durante el mandato de Modi. Bajo el mandato de Modi, Gujarat encabezó la clasificación de "facilidad para hacer negocios" del Banco Mundial entre los estados indios durante dos años consecutivos. En 2013, Gujarat ocupó el primer puesto entre los estados indios en cuanto a "libertad económica" en un informe que medía la gobernanza, el crecimiento, los derechos de los ciudadanos y la regulación laboral y empresarial entre los 20 estados más grandes del país. En los últimos años del gobierno de Modi, el crecimiento económico de Gujarat se utilizó con frecuencia como argumento para contrarrestar las acusaciones de comunalismo. Las exenciones fiscales para las empresas eran más fáciles de obtener en Gujarat que en otros estados, al igual que la tierra. Las políticas de Modi para hacer de Gujarat un lugar atractivo para la inversión incluyeron la creación de Zonas Económicas Especiales, en las que la legislación laboral se debilitó enormemente.

A pesar de su tasa de crecimiento, Gujarat tuvo un historial relativamente pobre en materia de desarrollo humano, alivio de la pobreza, nutrición y educación durante el mandato de Modi. En 2013, Gujarat ocupaba el puesto 13 del país en cuanto a índices de pobreza y el 21 en educación. Casi el 45% de los niños menores de cinco años tenían un peso inferior al normal y el 23% estaban desnutridos, lo que situaba al estado en la categoría de "alarmante" en el Índice Estatal de Hambre de la India. Un estudio realizado por UNICEF y el gobierno indio descubrió que Gujarat, bajo el mandato de Modi, tenía un pobre historial en lo que respecta a la inmunización de los niños.

Durante la década de 2001 a 2011, Gujarat no cambió su posición en relación con el resto del país en lo que respecta a la pobreza y la alfabetización femenina, permaneciendo cerca de la media de los 29 estados indios. Mostró una mejora marginal en las tasas de mortalidad infantil, y su posición con respecto al consumo individual disminuyó. En cuanto a la calidad de la educación en las escuelas públicas, el estado se situó por debajo de muchos estados indios. Las políticas sociales del gobierno no beneficiaron en general a los musulmanes, los dalits y los adivasis, y en general aumentaron las desigualdades sociales. El desarrollo en Gujarat se limitó en general a la clase media urbana, y los ciudadanos de las zonas rurales o de las castas inferiores quedaron cada vez más marginados. En 2013, el estado ocupó el décimo lugar de los 21 estados indios en el Índice de Desarrollo Humano. Bajo el mandato de Modi, el gobierno estatal gastó menos que la media nacional en educación y sanidad.

Campañas de la Premier

En septiembre de 2013, Modi fue nombrado candidato del
BJP a primer ministro de cara a las elecciones al Lok
Sabha de 2014. Varios líderes del BJP expresaron su
oposición a la candidatura de Modi, entre ellos el miembro
fundador del BJP L. K. Advani, que citó su preocupación
por los líderes que estaban "preocupados por sus agendas
personales". Modi desempeñó un papel dominante en la
campaña electoral del BJP. Varias personas que votaron
al BJP afirmaron que si Modi no hubiera sido el candidato
a primer ministro, habrían votado a otro partido. El
enfoque en Modi como individuo fue inusual para una
campaña electoral del BJP. Las elecciones se describieron
como un referéndum sobre Narendra Modi.

Durante la campaña, Modi se centró en los escándalos de
corrupción del anterior gobierno del INC, y jugó con su
imagen de político que había creado una alta tasa de
crecimiento del PIB en Gujarat. Modi se proyectó a sí
mismo como una persona que podía lograr el "desarrollo",
sin centrarse en ninguna política específica. Su mensaje
encontró apoyo entre los jóvenes indios y entre los
ciudadanos de clase media. El BJP bajo el mando de Modi
pudo restar importancia a las preocupaciones sobre la
protección de las minorías religiosas y el compromiso de
Modi con el laicismo, ámbitos en los que había recibido
críticas anteriormente. Antes de las elecciones, la imagen
de Modi en los medios de comunicación se había centrado
en su papel en los disturbios de 2002 en Gujarat, pero
durante la campaña el BJP pudo cambiar este aspecto y
centrarse en la ideología neoliberal de Modi y el modelo
de desarrollo de Gujarat. El BJP trató de identificarse con
líderes políticos conocidos por su oposición al
nacionalismo hindú, como B. R. Ambedkar, Subhas
Chandra Bose y Ram Manohar Lohia. El hindutva siguió
formando parte de la campaña: Los líderes del BJP
utilizaron una retórica basada en el Hindutva en varios

estados. Se jugó con las tensiones comunales, especialmente en Uttar Pradesh y los estados del noreste de la India. La propuesta del controvertido Código Civil Uniforme formaba parte del programa electoral del BJP.

La campaña del BJP contó con la ayuda de su amplia influencia en los medios de comunicación. La campaña de Modi costó unos 50.000 millones de libras (630 millones de dólares) y el BJP recibió un amplio apoyo financiero de empresas donantes. Además de los métodos de campaña más convencionales, Modi hizo un amplio uso de las redes sociales y se dirigió a más de 1000 mítines mediante apariciones en holograma.

El BJP obtuvo el 31% de los votos y duplicó con creces su número de votos en la Lok Sabha, hasta los 282, convirtiéndose en el primer partido que consigue la mayoría de escaños en solitario desde 1984. El descontento de los votantes con el INC, así como con los partidos regionales del norte de la India, fue otra de las razones del éxito del BJP, así como el apoyo del RSS. En estados como Uttar Pradesh, en los que el BJP obtuvo buenos resultados, contó con un apoyo excepcionalmente alto de los hindúes de casta superior, aunque el 10% de los votos musulmanes obtenidos fue más de lo que había conseguido antes. Obtuvo resultados especialmente buenos en zonas del país que habían experimentado recientemente la violencia entre hindúes y musulmanes. La magnitud de la victoria del BJP llevó a muchos comentaristas a afirmar que las elecciones constituían un reajuste político que se alejaba de los partidos progresistas y se acercaba a la derecha. El tuit de Modi anunciando su victoria se describió como emblemático de la realineación política que se aleja de un estado secular y socialista para acercarse al capitalismo y al nacionalismo cultural hindú.

El propio Modi fue candidato a la Lok Sabha en dos circunscripciones: Varanasi y Vadodara. Ganó en ambas circunscripciones, derrotando al líder del Partido Aam Aadmi, Arvind Kejriwal, en Varanasi, por 371.784 votos, y a Madhusudan Mistry, del INC, en Vadodara, por 570.128 votos. Modi, que fue elegido por unanimidad líder del BJP, fue nombrado primer ministro por el presidente de la India. Para cumplir la ley según la cual un diputado no puede representar a más de una circunscripción, dejó libre el escaño de Vadodara.

Las elecciones generales de la India; 2019

El 13 de octubre de 2018, Modi fue nombrado candidato del BJP a primer ministro para las elecciones generales de 2019. El jefe de campaña del partido fue el presidente del BJP, Amit Shah. Modi lanzó la campaña Main Bhi Chowkidar antes de las elecciones generales, en contra del eslogan de campaña Chowkidar Chor Hai del INC. En 2018, el Partido Telugu Desam se separó de la NDA por la cuestión del estatus especial de Andhra Pradesh.

La campaña fue iniciada por Amit Shah el 8 de abril de 2019. En la campaña, Modi fue blanco de la oposición por las acusaciones de corrupción sobre el acuerdo Rafale con el gobierno de Francia. Destacando esta controversia se inició la campaña "Chowkidar Chor Hai", que era contraria al eslogan "Main Bhi Chowkidar". Modi hizo de la defensa y la seguridad nacional uno de los temas principales de la campaña electoral, especialmente tras el ataque de Pulwama, y el ataque aéreo de represalia de Balakot se consideró un logro de la administración de Modi. Otros temas de la campaña fueron el desarrollo y las buenas relaciones exteriores en el primer mandato.

Modi se presentó a las elecciones al Lok Sabha como candidato por Varanasi. Ganó el escaño al derrotar a Shalini Yadav, del Partido Samajwadi, que luchó en la alianza SP-BSP, por un margen de 479.505 votos. Modi fue nombrado por unanimidad primer ministro por segunda vez por la Alianza Democrática Nacional, después de que la alianza ganara las elecciones por segunda vez asegurando 353 escaños en la Lok Sabha, con el BJP ganando solo 303 escaños.

Modi como Primer Ministro

Después de que la Alianza Democrática Nacional, liderada por el Partido Bharatiya Janata, ganara de forma aplastante las elecciones al Lok Sabha de 2014, Modi prestó juramento como primer ministro de la India el 26 de mayo de 2014. Se convirtió en el primer Primer Ministro nacido tras la independencia de la India del Imperio Británico en 1947. Modi inició su segundo mandato después de que la Alianza Democrática Nacional volviera a ganar en las elecciones al Lok Sabha de 2019. El 6 de diciembre de 2020, Modi se convirtió en el cuarto primer ministro de la India que más tiempo lleva en el cargo y en el primer ministro no perteneciente al Congreso.

Gobernanza y otras iniciativas

El primer año de Modi como primer ministro fue testigo de una importante centralización del poder. Al carecer inicialmente de mayoría en la Rajya Sabha, o cámara alta del Parlamento indio, Modi aprobó una serie de ordenanzas para promulgar sus políticas, lo que supuso una mayor centralización del poder. El gobierno también aprobó un proyecto de ley que aumentaba el control que tenía sobre el nombramiento de los jueces y reducía el del poder judicial. En diciembre de 2014, Modi suprimió la Comisión de Planificación y la sustituyó por la Institución Nacional para la Transformación de la India, o NITI Aayog. La medida tuvo el efecto de concentrar el poder que antes tenía la comisión de planificación en la persona del primer ministro. La comisión de planificación había recibido fuertes críticas en años anteriores por crear ineficacia en el gobierno y por no cumplir su función de mejorar el bienestar social: sin embargo, desde la liberalización económica de los años 90, había sido el principal organismo gubernamental responsable de las medidas relacionadas con la justicia social.

El gobierno de Modi puso en marcha investigaciones de la Oficina de Inteligencia contra numerosas organizaciones de la sociedad civil y organizaciones no gubernamentales extranjeras en el primer año de la administración. Las investigaciones, basadas en que estas organizaciones frenaban el crecimiento económico, fueron criticadas como una caza de brujas. La organización internacional de ayuda humanitaria Médicos Sin Fronteras fue uno de los grupos que recibió presiones. Otras organizaciones afectadas fueron el Sierra Club y Avaaz. Se presentaron casos de sedición contra personas que criticaban al gobierno. Esto provocó el descontento en el seno del BJP por el estilo de funcionamiento de Modi y provocó comparaciones con el estilo de gobierno de Indira Gandhi.

Modi derogó 1.200 leyes obsoletas en sus tres primeros años como primer ministro; los gobiernos anteriores habían derogado un total de 1.301 leyes de este tipo en un periodo de 64 años. Modi también puso en marcha el programa India Digital, con el objetivo de garantizar que los servicios gubernamentales estén disponibles electrónicamente, construir infraestructuras para proporcionar acceso a Internet de alta velocidad a las zonas rurales, impulsar la fabricación de productos electrónicos en el país y promover la alfabetización digital.

En 2019, se aprobó una ley para reservar el 10% de las admisiones educativas y los puestos de trabajo en el gobierno a personas económicamente desfavorecidas. El gobierno indio puso en marcha el plan Ujjwala en 2016 para proporcionar conexiones gratuitas de GLP a los hogares rurales. El plan hizo que un 24% más de los hogares indios tuvieran acceso al GLP en 2019 en comparación con 2014. En 2022, el gobierno eliminó los subsidios para el GLP para todos los ciudadanos, excepto los cubiertos por el programa Ujjwala.

Hindutva

Las actividades de varias organizaciones nacionalistas hindúes aumentaron su alcance tras la elección de Modi como primer ministro, a veces con el apoyo del gobierno. Estas actividades incluyeron un programa de conversión religiosa hindú, una campaña contra la supuesta práctica islámica de la "yihad del amor" e intentos de celebrar a Nathuram Godse, el asesino de Mahatma Gandhi, por parte de miembros del ala derecha del Hindu Mahasabha. Funcionarios del gobierno, incluido el ministro del Interior, defendieron los programas de conversión.

Los vínculos entre el BJP y el RSS se reforzaron con Modi. El RSS proporcionó apoyo organizativo a las campañas electorales del BJP, mientras que el gobierno de Modi nombró a varias personas afiliadas al RSS para ocupar puestos destacados en el gobierno. En 2014, Yellapragada Sudershan Rao, que había estado asociado al RSS, se convirtió en presidente del Consejo Indio de Investigación Histórica (ICHR). Historiadores y antiguos miembros del ICHR, incluidos los que simpatizan con el BJP, cuestionaron sus credenciales como historiador y afirmaron que el nombramiento formaba parte de una agenda de nacionalismo cultural. Durante su primer mandato, el gobierno de Modi nombró a otros miembros del RSS para dirigir universidades e instituciones de investigación, y aumentó la contratación de profesores favorables al RSS. Los académicos Nandini Sundar y Kiran Bhatty escriben que muchos de estos nombramientos no poseían las cualificaciones necesarias para sus puestos. El gobierno de Modi también introdujo numerosos cambios en los libros de texto de historia aprobados por el gobierno. Estos cambios restan importancia al papel de Jawaharlal Nehru y glorifican el del propio Modi, al tiempo que presentan a la sociedad india como armoniosa, sin conflictos ni desigualdades.

El gobierno de Modi aprobó en 2019 una ley de ciudadanía que ofrecía una vía de acceso a la ciudadanía india a las minorías religiosas perseguidas de Afganistán, Bangladesh y Pakistán que fueran hindúes, sijs, budistas, jainistas, parsis o cristianos. La ley no concede este derecho a los musulmanes. Era la primera vez que la religión se utilizaba abiertamente como criterio de ciudadanía en la legislación india: atrajo las críticas de todo el mundo y provocó protestas generalizadas que fueron frenadas por la pandemia del COVID-19. Las contramanifestaciones contra las protestas se convirtieron en los disturbios de Delhi de 2020, causados principalmente por turbas hindúes que atacaron a los musulmanes. De los 53 muertos, dos tercios eran musulmanes. El 5 de agosto de 2020, Modi visitó Ayodhya después de que el Tribunal Supremo ordenara en 2019 que un terreno disputado en Ayodhya se entregara a un fideicomiso para construir el templo hindú y ordenara al gobierno que diera un terreno alternativo de 5 acres a la Junta Sunni Waqf con el fin de construir una mezquita. Se convirtió en el primer ministro en visitar Ram Janmabhoomi y Hanuman Garhi.

Poco después de que Modi volviera al poder en 2019, adoptó tres medidas largamente reclamadas por el RSS. La práctica del Triple Talaq se convirtió en ilegal, y en un acto punible a partir del 1 de agosto de 2019. La administración desechó el artículo 370 de la constitución india, que otorgaba autonomía a Jammu y Cachemira], y también derogó su condición de estado, reorganizándolo en dos territorios de la unión, Jammu y Cachemira y Ladakh. La región quedó bloqueada y se suspendieron los servicios de Internet: los servicios no se restablecieron por completo hasta febrero de 2021. Miles de personas, entre ellas cientos de dirigentes políticos, fueron detenidas. El Tribunal Supremo no atendió los recursos de inconstitucionalidad contra la reorganización o la Ley de Enmienda de la Ciudadanía: Bhatty y Sundar describen este hecho como un ejemplo de la subversión del Tribunal

Supremo y de otras instituciones importantes, en las que se llenaron de personas nombradas a favor del BJP.

Política económica

Las políticas económicas del gobierno de Modi se centraron en la privatización y la liberalización de la economía, basadas en un marco neoliberal. Modi liberalizó las políticas de inversión extranjera directa de India, permitiendo una mayor inversión extranjera en varias industrias, entre ellas la de defensa y los ferrocarriles. Otras reformas propuestas incluían dificultar la formación de sindicatos y facilitar a los empresarios la contratación y el despido de los trabajadores; algunas de estas propuestas se abandonaron tras las protestas. Las reformas suscitaron una fuerte oposición por parte de los sindicatos: el 2 de septiembre de 2015, once de los mayores sindicatos del país se declararon en huelga, incluido uno afiliado al BJP. El Bharatiya Mazdoor Sangh, integrante del Sangh Parivar, declaró que la motivación subyacente de las reformas laborales favorecía a las empresas en detrimento de los trabajadores.

Los fondos dedicados a los programas de reducción de la pobreza y a las medidas de bienestar social disminuyeron considerablemente con el gobierno de Modi. El dinero destinado a programas sociales se redujo del 14,6% del PIB durante el gobierno del Congreso al 12,6% durante el primer año de mandato de Modi, mientras que el gasto en sanidad y bienestar familiar disminuyó un 15%. El gobierno también redujo los impuestos de sociedades, suprimió el impuesto sobre el patrimonio, aumentó los impuestos sobre las ventas y redujo los derechos de aduana sobre el oro y las joyas. En octubre de 2014, el gobierno de Modi desreguló los precios del diésel. Durante el primer mandato de Modi, el Gobierno redujo el gasto en educación como parte del presupuesto: en cinco años, el gasto en educación bajó del 0,7% del PIB al 0,5%. El porcentaje del presupuesto destinado a la nutrición, la educación, la salud y los programas asociados de los niños se redujo a casi la mitad por el gobierno de Modi entre 2014 y 2022.

En septiembre de 2014, Modi presentó la iniciativa "Make in India" para animar a las empresas extranjeras a fabricar productos en India, con el objetivo de convertir el país en un centro de fabricación mundial. Los partidarios de la liberalización económica apoyaron la iniciativa, mientras que los críticos argumentaron que permitiría a las empresas extranjeras hacerse con una mayor cuota del mercado indio. El gobierno de Modi aprobó una ley de reforma agraria que le permitía adquirir tierras agrícolas privadas sin realizar una evaluación del impacto social y sin el consentimiento de los agricultores propietarios. El proyecto de ley se aprobó mediante una orden ejecutiva después de enfrentarse a la oposición del Parlamento, pero finalmente se dejó sin efecto. El gobierno de Modi puso en marcha el Impuesto sobre Bienes y Servicios, la mayor reforma fiscal del país desde la independencia. Incluyó unos 17 impuestos diferentes y entró en vigor el 1 de julio de 2017.

En su primera decisión de gabinete, Modi creó un equipo para investigar el dinero negro. El 9 de noviembre de 2016, el Gobierno desmonetizó los billetes de 500 y 1000 libras esterlinas, con la intención declarada de frenar la corrupción, el dinero negro, el uso de moneda falsa y el terrorismo. La medida provocó una grave escasez de efectivo, una fuerte caída de los índices bursátiles indios BSE SENSEX y NIFTY 50, y desencadenó protestas generalizadas en todo el país. Varias muertes se relacionaron con la prisa por cambiar el efectivo. El año siguiente, el número de declaraciones de la renta presentadas por particulares aumentó un 25%, y el número de transacciones digitales se incrementó considerablemente.

Durante los cuatro primeros años del mandato de Modi, el PIB de la India creció a una tasa media del 7,23%, superior a la tasa del 6,39% del gobierno anterior. El nivel de desigualdad de ingresos aumentó, mientras que un informe interno del gobierno decía que en 2017 el desempleo había aumentado hasta su nivel más alto en 45 años. La pérdida de puestos de trabajo se atribuyó a la desmonetización de 2016 y a los efectos del impuesto sobre bienes y servicios. El crecimiento del PIB fue del 6,12% en el ejercicio 2018-19, con una tasa de inflación del 3,4%. En el año 2019-20, la tasa de crecimiento del PIB se desaceleró al 4,18%, mientras que la inflación aumentó al 4,7%. La economía india se contrajo un 6,6% durante la pandemia de COVID-19 en 2020-2021, y se estimó que crecería un 8,2% en el siguiente ejercicio.

Salud y saneamiento

En su primer año como primer ministro, Modi redujo la cantidad de dinero que el gobierno central gasta en sanidad. El gobierno de Modi lanzó la Nueva Política Sanitaria (NHP) en enero de 2015. Esta política no aumentó el gasto público en sanidad, sino que hizo hincapié en el papel de las organizaciones sanitarias privadas. Esto supuso un cambio respecto a la política del anterior gobierno del Congreso, que había apoyado programas para ayudar a los objetivos de salud pública, como la reducción de las tasas de mortalidad infantil y materna. La Misión Nacional de Salud, que incluía programas de salud pública dirigidos a estos índices, recibió en 2015 casi un 20% menos de fondos que el año anterior. El gobierno de Modi redujo el presupuesto sanitario en un 15% más en su segundo año. El presupuesto sanitario del año siguiente aumentó un 19%. Los proveedores de seguros privados valoraron positivamente el presupuesto. Los expertos en salud pública criticaron su énfasis en el papel de los proveedores de servicios sanitarios privados, y sugirieron que representaba un alejamiento de las instalaciones sanitarias públicas. El presupuesto sanitario aumentó un 11,5% en 2018; el cambio incluía una asignación de 20.000 millones de yenes (250 millones de dólares) para un programa de seguro médico financiado por el Gobierno, y una disminución del presupuesto de la Misión Nacional de Salud.

Modi destacó los esfuerzos de su gobierno en materia de saneamiento como medio para garantizar la buena salud. El 2 de octubre de 2014, Modi lanzó la campaña Swachh Bharat Mission ("India limpia"). Los objetivos declarados de la campaña incluían la eliminación de la defecación al aire libre y la recogida manual de basuras en un plazo de cinco años. Como parte del programa, el gobierno indio empezó a construir millones de retretes en zonas rurales y a animar a la gente a utilizarlos. El gobierno también anunció planes para construir nuevas plantas de tratamiento de aguas residuales. La administración tiene previsto construir 60 millones de retretes para 2019. Los proyectos de construcción se han enfrentado a acusaciones de corrupción y han tenido graves dificultades para conseguir que la gente utilice los retretes construidos para ellos. La cobertura de saneamiento en el país aumentó del 38,7% en octubre de 2014 al 84,1% en mayo de 2018; sin embargo, el uso de las nuevas instalaciones sanitarias se quedó atrás respecto a los objetivos del gobierno. En 2018, la Organización Mundial de la Salud afirmó que se evitaron al menos 180.000 muertes por diarrea en las zonas rurales de la India tras la puesta en marcha del esfuerzo de saneamiento.

En respuesta a la pandemia de COVID-19, el gobierno de Modi invocó la Ley de Enfermedades Epidémicas de 1897 y la Ley de Gestión de Desastres de 2005 en marzo de 2020. Todos los vuelos comerciales nacionales e internacionales fueron suspendidos en marzo. Modi anunció un toque de queda de 14 horas el 22 de marzo, seguido de un "cierre total" de tres semanas dos días después. Las restricciones se levantaron gradualmente a partir de abril, y se revocaron por completo en noviembre de 2020. En marzo de 2021 comenzó una segunda oleada de la pandemia, mucho más devastadora que la primera, con escasez de vacunas, camas de hospital, bombonas de oxígeno y otros suministros médicos en algunas partes del país. A finales de abril, India informó de más de 400.000 casos en un periodo de 24 horas, siendo el primer país en hacerlo. India comenzó su programa de vacunación en enero de 2021; en enero de 2022, India anunció que había administrado unos 1.700 millones de dosis de vacunas y que más de 720 millones de personas estaban totalmente vacunadas. En mayo de 2022, la Organización Mundial de la Salud estimó que 4,7 millones de indios habían muerto de Covid-19 en la India, sobre todo durante la segunda oleada a mediados de 2021. La cifra era casi 10 veces superior a la estimación del gobierno indio. La administración de Modi rechazó la estimación.

Política exterior

La política exterior desempeñó un pequeño papel en la campaña electoral de Modi y no ocupó un lugar destacado en el programa electoral del BJP. La política exterior de Modi, al igual que la del anterior gobierno del Congreso, se centró en mejorar los lazos económicos, la seguridad y las relaciones regionales. Modi continuó la política de "multialineación" de Manmohan Singh. El gobierno de Modi trató de atraer inversiones extranjeras a la economía india de diversas fuentes, especialmente de Asia Oriental, con el uso de eslóganes como "Make in India" y "Digital India". El gobierno también intentó mejorar las relaciones con las naciones islámicas de Oriente Medio, como Bahréin, Irán, Arabia Saudí y los Emiratos Árabes Unidos, así como con Israel.

Las relaciones exteriores de India con EE.UU. también se han mejorado después de que Narendra Modi se convirtiera en primer ministro. Durante el período previo a las elecciones generales, existía un amplio escepticismo sobre el futuro de la relación estratégica bilateral bajo el mandato de Modi, ya que en 2005, siendo ministro jefe de Gujarat, se le denegó el visado estadounidense durante la administración Bush por su escaso historial en materia de derechos humanos. Sin embargo, intuyendo la inevitable victoria de Modi mucho antes de las elecciones, la embajadora estadounidense Nancy Powell le tendió la mano como parte de un mayor acercamiento de Occidente. Además, tras su elección como primer ministro de India en 2014, el presidente Obama le felicitó por teléfono y le invitó a visitar Estados Unidos. El gobierno de Modi logró forjar buenas relaciones exteriores con EE.UU. tanto en la presidencia de Barack Obama como en la de Donald Trump.

Durante los primeros meses después de la elección, Modi viajó a varios países para promover los objetivos de su política, y asistió a las cumbres de los BRICS, la ASEAN y el G20. Una de las primeras visitas de Modi como primer ministro fue a Nepal, durante la cual prometió mil millones de dólares en ayuda. Modi también hizo varios acercamientos a Estados Unidos, incluyendo múltiples visitas a ese país. Aunque esto se describió como un acontecimiento inesperado, ya que Estados Unidos había denegado a Modi un visado de viaje por su papel durante los disturbios de 2002 en Gujarat, se esperaba que las visitas reforzaran las relaciones diplomáticas y comerciales entre ambos países.

En 2015, el Parlamento indio ratificó un acuerdo de intercambio de tierras con Bangladesh sobre los enclaves indio-bangladeshíes, que había sido iniciado por el gobierno de Manmohan Singh. La administración de Modi volvió a prestar atención a la "Política de Mirada al Este" de la India, instituida en 1991. La política fue rebautizada como "Act East Policy", y supuso la orientación de la política exterior india hacia Asia Oriental y el Sudeste Asiático. El gobierno firmó acuerdos para mejorar la conectividad terrestre con Myanmar, a través del estado de Manipur. Esto supuso una ruptura con el compromiso histórico de India con Myanmar, que priorizaba la seguridad fronteriza sobre el comercio. Las relaciones entre China y la India se han deteriorado rápidamente tras las escaramuzas entre China y la India de 2020. Modi ha prometido una ayuda de 900 millones de dólares a Afganistán, ha visitado la nación en dos ocasiones y ha sido galardonado con el más alto honor civil de la nación en 2016.

Política de defensa

El gasto militar nominal de la India aumentó constantemente bajo el mandato de Modi. El presupuesto militar disminuyó durante el mandato de Modi, tanto como fracción del PIB como ajustado a la inflación. Una parte sustancial del presupuesto militar se dedicó a gastos de personal, lo que llevó a los comentaristas a escribir que el presupuesto estaba limitando la modernización militar india.

Modi prometió ser "duro con Pakistán" durante su campaña electoral, y declaró repetidamente que Pakistán era un exportador de terrorismo. El 29 de septiembre de 2016, el ejército indio declaró que había llevado a cabo un ataque quirúrgico contra plataformas de lanzamiento de terroristas en Azad Cachemira. Los medios de comunicación indios afirmaron que hasta 50 terroristas y soldados paquistaníes habían muerto en el ataque. Pakistán negó inicialmente que se hubiera producido ningún ataque. Informes posteriores sugirieron que la afirmación india sobre el alcance del ataque y el número de víctimas había sido exagerada, aunque se habían llevado a cabo ataques transfronterizos. En febrero de 2019, India llevó a cabo ataques aéreos en Pakistán contra un supuesto campamento terrorista. Siguieron más escaramuzas militares, incluyendo bombardeos transfronterizos y la pérdida de un avión indio.

Tras su victoria en las elecciones al Lok Sabha de 2019, se centró más en las políticas de Defensa de la India, especialmente contra China y Pakistán. El 5 de mayo de 2020, las tropas chinas e indias se enzarzaron en agresivos combates cuerpo a cuerpo, enfrentamientos y escaramuzas en lugares situados a lo largo de la frontera sino-india, incluso cerca del disputado lago Pangong en Ladakh y la región autónoma del Tíbet, y cerca de la frontera entre Sikkim y la región autónoma del Tíbet. También se produjeron enfrentamientos adicionales en lugares del este de Ladakh a lo largo de la Línea de Control Real (LAC). A partir de entonces comenzaron las escaramuzas entre las naciones, lo que dio lugar a numerosos enfrentamientos fronterizos, respuestas y reacciones de ambas partes. También se celebraron una serie de conversaciones entre ambos por medios militares y diplomáticos para lograr la paz. El primer enfrentamiento fronterizo del que se informó en 2021 fue el 20 de enero, denominado enfrentamiento fronterizo menor en Sikkim.

Modi firmó un acuerdo con el líder ruso Vladimir Putin en diciembre de 2021 para ampliar la cooperación técnica militar. El gobierno de Modi llegó a un acuerdo con Rusia, comprando el sistema de misiles S-400, un sistema de ataque antimisiles, construyendo así unos lazos y una relación mucho más fuertes entre las dos naciones. Durante la invasión rusa de Ucrania en 2022, India se negó a condenar la invasión rusa y se mantuvo neutral. La iniciativa "Operación Ganga" del gobierno indio pretendía traer de vuelta a los indios varados en Ucrania durante la guerra. Más de 19.000 ciudadanos fueron evacuados. También se prestó asistencia a los que cruzaron a los países vecinos de Rumanía, Hungría, Polonia, Moldavia y Eslovaquia. El Primer Ministro Modi envió 4 enviados especiales encabezados por los ministros de la Unión Hardeep Singh Puri, Jyotiraditya Scindia, Kiren Rijiju y V. K. Singh a las naciones vecinas de Ucrania para ayudar en los esfuerzos de coordinación.

Política medioambiental

Al nombrar su gabinete, Modi cambió el nombre del "Ministerio de Medio Ambiente y Bosques" por el de "Ministerio de Medio Ambiente, Bosques y Cambio Climático". En el primer presupuesto de su administración, el dinero asignado a este ministerio se redujo en más de un 50%. El nuevo ministerio eliminó o diluyó varias leyes relacionadas con la protección del medio ambiente, y otras relacionadas con la actividad industrial. El gobierno también intentó reconstituir el Consejo Nacional de la Vida Silvestre de forma que ya no tuviera representantes de organizaciones no gubernamentales: sin embargo, esta medida fue impedida por el Tribunal Supremo. Otros cambios fueron la reducción de la supervisión ministerial de los pequeños proyectos mineros y el hecho de que ya no se exigiera la aprobación de los consejos tribales para los proyectos en zonas forestales. Además, Modi levantó una moratoria sobre nuevas actividades industriales en las zonas más contaminadas del país. Los cambios fueron bien recibidos por los empresarios, pero criticados por los ecologistas.

En una charla con estudiantes de Assam en 2014, Modi restó importancia al cambio climático y dijo: "El clima no ha cambiado. Nosotros hemos cambiado. Nuestros hábitos han cambiado. Nuestros hábitos se han estropeado. Debido a ello, hemos destruido todo nuestro entorno". Sin embargo, a lo largo de los años se ha manifestado a favor de la acción climática, especialmente con la proliferación de energías limpias. En 2015, Modi propuso la iniciativa Alianza Solar Internacional para fomentar la inversión en energía solar. Al responsabilizar a los países desarrollados, Modi y su gobierno han reiterado en múltiples ocasiones que la India tiene un papel insignificante en el cambio climático históricamente. En la conferencia COP26, Modi anunció que India tendría como objetivo la neutralidad de carbono para 2070, y también ampliaría su capacidad de energía renovable. Los ecologistas y economistas indios aplaudieron la decisión, describiéndola como una acción climática audaz. India es la única gran economía que está en camino de cumplir los objetivos del Acuerdo de París. Ha alcanzado el 10% de mezcla de etanol cinco meses antes de lo previsto.

Retroceso democrático

Bajo el mandato de Modi, India ha experimentado un retroceso democrático. Según un estudio, "el gobierno del BJP atacó gradual pero sistemáticamente casi todos los mecanismos existentes para pedir cuentas al ejecutivo político, ya sea asegurando que estos mecanismos se convirtieran en subordinados al ejecutivo político o fueran capturados por los leales al partido". Los expertos también señalan cómo el gobierno de Modi ha utilizado el poder del Estado para intimidar y reprimir a los críticos en los medios de comunicación y el mundo académico, socavando así la libertad de expresión y las fuentes de información alternativas. Se ha informado en varias ocasiones de que el gobierno de Modi es un gobierno conservador y autoritario, incluso por falta de una buena oposición.

Percepción e imagen pública

Modi ha recibido constantemente altos índices de aprobación durante su mandato; en las encuestas de opinión popular se le suele calificar como el mejor primer ministro de la historia de la India.

Vegetariano y abstemio, Modi lleva un estilo de vida frugal y es adicto al trabajo e introvertido. Una persona llamada Badri Meena es su cocinero desde 2002. Modi mantiene una estrecha relación con su centenaria madre, Hiraben. El 31 de agosto de 2012, Modi publicó un post en Google Hangouts que le convirtió en el primer político indio en interactuar con los ciudadanos en un chat en directo. Modi también ha sido calificado de icono de la moda por su característica *kurta* de media manga planchada, así como por un traje con su nombre bordado repetidamente en las rayas que llevó durante una visita de Estado del Presidente de EE.UU., Barack Obama, que atrajo la atención y las críticas del público y los medios de comunicación. La personalidad de Modi ha sido descrita por académicos y biógrafos como enérgica, arrogante y carismática.

En 2008 publicó un libro en gujarati titulado *Jyotipunj*, que contiene perfiles de varios líderes del RSS. El más largo era el de M. S. Golwalkar, bajo cuyo liderazgo se expandió el RSS y al que Modi se refiere como *Pujniya Shri Guruji* ("Gurú digno de adoración"). Según *The Economic Times*, su intención era explicar el funcionamiento del RSS a sus lectores y asegurar a los miembros del RSS que seguía alineado ideológicamente con ellos. Modi fue autor de otros ocho libros, la mayoría de ellos con cuentos para niños.

La designación de Modi como primer ministro llamó la atención por su reputación como "uno de los políticos más

controvertidos y divisivos de la India contemporánea".
Durante la campaña electoral de 2014, el BJP proyectó
una imagen de Modi como líder fuerte y masculino, capaz
de tomar decisiones difíciles. Las campañas en las que ha
participado se han centrado en Modi como individuo, de
una manera poco habitual en el BJP y el RSS. Modi se ha
apoyado en su reputación de político capaz de lograr el
crecimiento económico y el "desarrollo". Sin embargo, su
papel en los disturbios de 2002 en Gujarat sigue
suscitando críticas y controversias. La filosofía Hindutva
de línea dura de Modi y las políticas adoptadas por su
gobierno siguen suscitando críticas, y han sido
consideradas como pruebas de una agenda social
mayoritaria y excluyente.

Índices de aprobación

Como Primer Ministro, Modi ha recibido constantemente altos índices de aprobación; al final de su primer año en el cargo, recibió un índice de aprobación general del 87% en una encuesta de Pew Research, con un 68% de personas que lo calificaban "muy favorablemente" y un 93% que aprobaba su gobierno. Su índice de aprobación se mantuvo en torno al 74% durante su segundo año de mandato, según una encuesta nacional realizada por instaVaani. Al final de su segundo año en el cargo, una encuesta actualizada de Pew Research mostró que Modi seguía recibiendo un alto índice de aprobación general del 81%, con un 57% de los encuestados que lo calificaban "muy favorablemente". Al final de su tercer año en el cargo, otra encuesta de Pew Research mostraba que Modi tenía un índice de aprobación general del 88%, el más alto hasta ahora, con un 69% de personas encuestadas que lo calificaban "muy favorablemente". Una encuesta realizada por The Times of India en mayo de 2017 mostró que el 77% de los encuestados calificaba a Modi de "muy bueno" y "bueno". A principios de 2017, una encuesta del Pew Research Center mostró que Modi era la figura más popular de la política india. En un análisis semanal de Morning Consult llamado Global Leader Approval Rating Tracker, Modi tenía el índice de aprobación neto más alto a fecha de 22 de diciembre de 2020 de todos los líderes gubernamentales de los 13 países objeto de seguimiento.

En la cultura popular

Modi Kaka Ka Gaon (El pueblo del tío Modi), una película dramática india en hindi de 2017 dirigida por Tushar Amrish Goel, es el primer biopic sobre Modi. Está protagonizada por Vikas Mahante en el papel principal. *PM Narendra Modi,* una película dramática biográfica en hindi de 2019, dirigida por Omung Kumar, está protagonizada por Vivek Oberoi en el papel principal y cubre su ascenso al cargo de primer ministro. Una serie web india, *Modi: Journey of a Common Man*, basada en la misma premisa se estrenó en mayo de 2019 en Eros Now con Ashish Sharma interpretando a Modi.

7 RCR (7, Race Course Road), una serie televisiva india de docudrama político de 2014 que traza las carreras políticas de destacados políticos indios, cubrió el ascenso de Modi al cargo de primer ministro en los episodios "Historia de Narendra Modi de 1950 a 2001", "Historia de Narendra Modi en los años controvertidos de 2001 a 2013", "La verdad detrás de la marca Modi", "Viaje electoral de Narendra Modi a 7 RCR" y "Plan maestro del gobierno de la NDA de Narendra Modi."; con Sangam Rai en el papel de Modi.

Otras representaciones de Modi son las de Rajit Kapur en la película *Uri: The Surgical Strike* (2019) y la de Vikram Gokhale en la serie de televisión web *Avrodh: The Siege Within* (2020), ambas basadas en el ataque de Uri de 2016 y los posteriores ataques quirúrgicos indios. Gokhale volvió a interpretar el papel en la secuela *Avrodh: The Siege Within 2* (2022), basada en la desmonetización de los billetes indios de 2016. Pratap Singh interpretó un personaje basado en Modi en *Chand Bujh Gaya (2005)*, ambientada en los disturbios de Gujarat.

Modi apareció en un episodio del programa de Discovery Channel *Man vs Wild* con el presentador Bear Grylls, convirtiéndose en el segundo líder mundial, después de Barack Obama, en aparecer en el reality show. En el programa recorrió la selva y habló de la conservación de la naturaleza y la vida salvaje con Grylls. El episodio se rodó en el Parque Nacional de Jim Corbett, en Uttarakhand, y se emitió en 180 países a lo largo de la India. Modi presenta *Mann Ki Baat,* un programa de radio mensual, en All India Radio, y ha dirigido *Pariksha Pe Charcha*, un concurso y un debate para estudiantes y los problemas a los que se enfrentan en los exámenes.

Premios y reconocimientos

En marzo de 2012 y junio de 2014, Modi apareció en la portada de la edición asiática de la *revista Time*, uno de los pocos políticos indios que lo ha hecho. La cadena de noticias *CNN-News18* (antes *CNN-IBN)* le concedió el premio al indio del año en 2014. En junio de 2015, Modi apareció en la portada de la revista Time. En 2014, 2015, 2017, 2020 y 2021, fue nombrado una de las 100 personas más influyentes del mundo por la revista Time. *La revista Forbes* lo clasificó como la 15ª persona más poderosa del mundo en 2014 y la 9ª en 2015, 2016 y 2018. En 2015, Modi fue calificado como la 13ª persona más influyente del mundo por la *revista Bloomberg Markets*. En 2021, *Time* lo calificó como el tercer "líder fundamental" de la India independiente, después de Jawaharlal Nehru e Indira Gandhi, que "dominó la política del país como nadie desde ellos". Modi ocupó el quinto lugar en la primera lista anual de *la revista Fortune* de los "mejores líderes del mundo" en 2015. En 2017, la Asociación Internacional Gallup (GIA) realizó una encuesta y situó a Modi como tercer líder mundial. En 2016, se inauguró una estatua de cera de Modi en el museo de cera Madame Tussauds de Londres.

En 2015 fue nombrado una de las "30 personas más influyentes de Internet" de *Time* como el segundo político más seguido en Twitter y Facebook. En 2018, fue el tercer líder mundial más seguido en Twitter, y el más seguido en Facebook e Instagram. En octubre de 2018, Modi recibió el máximo galardón medioambiental de Naciones Unidas, el "Campeón de la Tierra", por su liderazgo político al "ser pionero en la defensa" de la Alianza Solar Internacional y de "nuevas áreas de niveles de cooperación en la acción medioambiental". Se le concedió el Premio de la Paz de Seúl 2018 en reconocimiento a "su dedicación a la mejora de la cooperación internacional, al aumento del crecimiento económico mundial, a la aceleración del

Desarrollo Humano del pueblo de la India mediante el fomento del crecimiento económico y a la promoción del desarrollo de la democracia mediante la lucha contra la corrupción y los esfuerzos de integración social". Es el primer indio que gana el premio.

Tras su segunda ceremonia de investidura como primer ministro de la India, se exhibió una imagen de Modi en la fachada del edificio de ADNOC en Abu Dhabi (Emiratos Árabes Unidos). El Foro de la India de Texas organizó un evento comunitario en honor a Modi el 22 de septiembre de 2019 en el estadio NRG de Houston (Texas). Al evento asistieron más de 50.000 personas y varios políticos estadounidenses, incluido el presidente Donald Trump, lo que lo convierte en la mayor reunión de un líder extranjero invitado que visita Estados Unidos, aparte del Papa. En el mismo acto, Modi recibió la Llave de la Ciudad de Houston de manos del alcalde Sylvester Turner. El 24 de septiembre de 2019, en la ciudad de Nueva York, la Fundación Bill y Melinda Gates le otorgó el Premio Global Goalkeeper en reconocimiento a la Misión Swachh Bharat y "los progresos que ha hecho la India en la provisión de saneamiento seguro bajo su liderazgo".

En 2020, Modi fue uno de los ocho líderes mundiales galardonados con el paródico Premio Ig Nobel de Educación Médica "por utilizar la pandemia viral COVID-19 para enseñar al mundo que los políticos pueden tener un efecto más inmediato sobre la vida y la muerte que los científicos y los médicos". El 21 de diciembre de 2020, el presidente Donald Trump concedió a Modi la Legión del Mérito por elevar las relaciones entre India y Estados Unidos. La Legión del Mérito fue concedida a Modi junto con el primer ministro de Australia, Scott Morrison, y el ex primer ministro de Japón, Shinzo Abe, los "arquitectos originales" de la QUAD. El 24 de febrero de 2021, la Asociación de Críquet de Gujarat rebautizó el estadio de críquet más grande del mundo en Ahmedabad con el nombre de Narendra Modi Stadium.

*

Vea todos nuestros libros publicados aquí:
https://campsite.bio/unitedlibrary